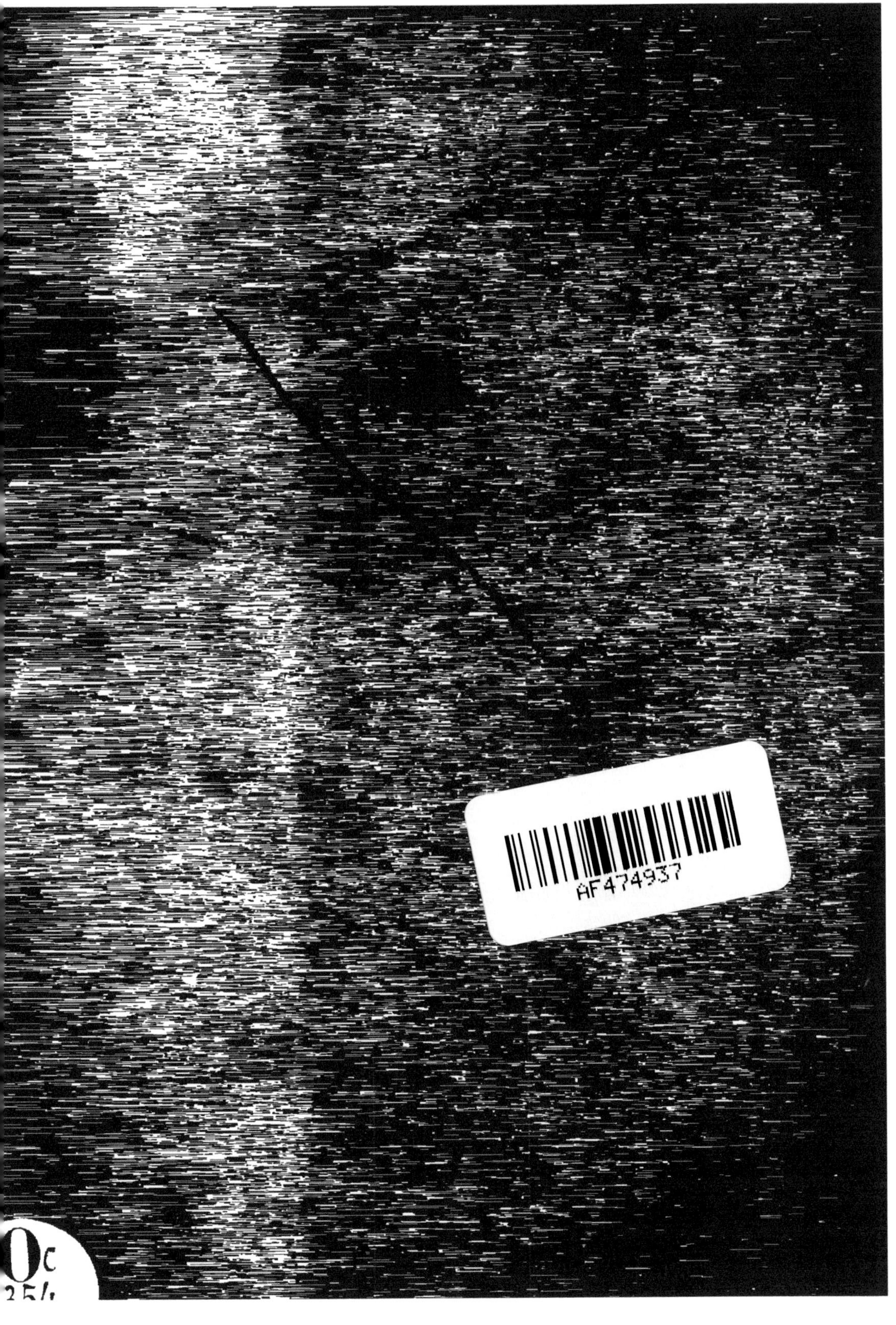
AF474937

L'INSURRECTION
ESPAGNOLE

ET

LA PRESSE PARISIENNE

PAR

G. LOBO Y CASAL
Chevalier de l'ordre royal d'Isabelle-la-Catholique,
vice-consul d'Espagne à Cette.

PARIS
E. DENTU, LIBRAIRE-ÉDITEUR,
PALAIS-ROYAL, 17 ET 19, GALERIE D'ORLÉANS.

1867

PARIS
IMPRIMERIE BALITOUT, QUESTROY ET C°,
Rues Baillif, 7, et de Valois, 18.

A SON EXCELLENCE LE MARÉCHAL NARVAEZ,

DUC DE VALENCE,

PRÉSIDENT DU CONSEIL DES MINISTRES DE S. M. C., etc.

J'ai l'honneur de dédier à Votre Excellence ces pages, dictées par mon amour pour la justice et par mon dévouement au trône de Sa Majesté la Reine Isabelle II.

G[mo] LOBO Y CASAL.

Cette, le 15 septembre 1867.

AVANT-PROPOS

« C'est une belle et noble langue, le français. On ne sait pas le français, on ne le parle, on ne l'écrit pas sans savoir quantité d'autres choses qui font ce que l'on appelait jadis *l'honnête homme*. Le français porte mal le mensonge. Pour parler français, il faut avoir dans l'âme un fonds de noblesse et de sincérité..... Une âme vile, *une âme menteuse*, une âme jalouse et même *simplement turbulente* ne parlera jamais complétement bien cette langue des Bossuet, des Fenélon, des Sévigné, des Corneille, des Racine. »

(*Veuillot*, ODEURS DE PARIS.)

Cette belle langue n'est point la nôtre. Mais, d'après le texte précédent, nous osons dire que *nous parlons français* mieux que les trois journaux parisiens à qui s'adressent nos réflexions dans cette brochure.

L'INSURRECTION ESPAGNOLE

ET

LA PRESSE PARISIENNE

I

Trois journaux de Paris, — le *Temps,* journal qui se dit sérieux ; la *Liberté,* journal de M. de Girardin, et l'*Époque,* journal de M. Dusautoy, hier tailleur, aujourd'hui homme politique,— s'étaient donné ou avaient *reçu* la mission de représenter la dernière insurrection espagnole chaque jour gagnant du terrain, chaque jour triomphante.

D'après ces journaux, Saragosse, qui opposa une si forte et si héroïque résistance aux aigles victorieuses de Napoléon Ier au commencement de ce siècle, serait tombée entre les mains d'une poignée d'insurgés mal armés et plus mal dirigés ; Barcelone, la ville aux passions politiques, se serait révoltée et aurait été livrée par ses industrieux habitants aux bandes démoralisées des partisans de Prim ; Huesca, enfin, enthousiasmée, aurait reçu à bras ouverts et acclamé les nouveaux *défenseurs des libertés espagnoles.*

Nous ne savons pas pourquoi ces journaux n'en ont

pas dit autant, ou davantage, de Madrid, puisque leur imagination avait si bien pris le vol.

Ils ont cependant bien fait de ne plus continuer leur marche triomphale sur le papier.

Ni Saragosse, ni Barcelone, n'étaient tombées entre les mains des insurgés.

Huesca, loin de les recevoir et de les acclamer, — comme ils l'ont dit sur la foi de leurs bien renseignés correspondants, — sortait au contraire en masse, musique en tête, à la rencontre des troupes royales qui avaient battu les bandes réunies de Pierrad et de Moriones.

Et toute l'Espagne, d'un sentiment unanime, repoussait ces forcenés tant admirés du *Temps*, de l'*Époque* et de la *Liberté*.

II

Nous ne pouvons refuser à ces trois journaux,—comme nous ne pouvons le refuser à aucun journal de France ou de tout autre pays,— le droit d'apprécier, d'après leurs principes et à leur point de vue, le mouvement insurrectionnel qui a éclaté dernièrement en Espagne.

Mais nous,— avec tous les hommes de bonne foi, tous les honnêtes gens,— nous pouvons exiger de ces journaux,— comme de tout homme qui parle à son pays,— plus de respect pour la vérité et plus de droiture dans les jugements.

« Durant vingt années, dit M. Veuillot dans ses *Odeurs de Paris,* j'ai tenu la plume tous les jours. Quand cette plume a été brisée entre mes mains par un acte aussi facile à prévoir qu'à exécuter, je n'avais, je l'espère, jamais trahi ma profession, embrassée d'un libre choix, expérience déjà faite de tous ses labeurs et de tous ses déboires. Je ne pense pas que dans cet emploi j'aie été volontairement injuste envers personne, ni que j'aie refusé de réparer un tort, sachant l'avoir commis..... Enfin, je n'ai voulu TROMPER personne, et c'est ce que j'appelle n'avoir pas TRAHI ma profession, que j'estime très-belle, et même glorieuse, *lorsqu'elle est exercée assez dignement.*

Il y a plaisir à entendre parler ainsi un journaliste, alors retiré de l'arène. Lui-même devait éprouver une grande satisfaction de ce témoignage de sa conscience !

Les rédacteurs des journaux dont nous avons fait mention, pourraient-ils tenir un pareil langage?

III

Nous pourrions, en effet, très-bien appliquer à ces messieurs du *Temps*, de l'*Époque* et de la *Liberté*, ces paroles éloquentes d'un des princes du journalisme français :

« Ce qui me confond mille fois plus que l'audace du musicien ou du poëte, qui prend sur lui la tâche si difficile d'amuser le public, c'est la vue d'un mortel qui a pris sur lui le soin de conduire ses semblables et de régler, selon sa sagesse, le cours de leur destinée ; c'est le spectacle d'un homme, comme vous et moi, qui s'est dit : « Je penserai pour tout le peuple, et j'agirai pour lui ; « je concevrai, dans le secret de mon âme, les desseins « les plus capables d'assurer sa prospérité, et, s'il se « peut, sa grandeur, et je les exécuterai quoi qu'il en « coûte. Les mouvements de ma pensée deviendront son « histoire ; mes erreurs, si j'en commets, décideront de « son sort, et quand ma carrière sera remplie, j'aurai « été, selon l'événement, son salut ou sa perte. Quoi « qu'il en soit, je pourrai dire comme Auguste à ma der« nière heure : Tirez le rideau, la pièce est jouée. »

« Quel drame cependant que celui de la vie d'un peuple, et quelle responsabilité que d'oser le concevoir et le conduire ainsi tout seul ! Veuillez remarquer, en effet, que le poëte et le musicien sont maîtres absolus des incidents de la scène ou de la combinaison des sons, qu'ils ont à leur gré sortir ou entrer les acteurs, qu'ils leur ordonnent, selon leur fantaisie, de pleurer ou de sourire. Mais celui qui se charge d'écrire le drame de notre vie n'a point cet absolu pouvoir ; il est aux prises avec les passions des hommes et avec les volontés aussi souveraines qu'imprévues du sort ; tel événement arrive qu'il n'a point appelé : il voulait une répétition de Wagram, il a l'incendie de Moscou ; il attendait un nouvel Iéna, c'est Waterloo qui répond (1). Et quelle différence dans le résultat de cette entreprise et dans les conséquences d'une erreur ou d'un malheur : si ma pièce ennuie, on se tait, ou, en mettant les choses au pis, on la siffle ; mais si le vaste drame qu'un conducteur de peuples a conçu vient à mal finir, quelle catastrophe et que n'écrase-t-il point dans sa chute ! Ce dénoûment manqué, *ce cinquième acte qui tourne mal,* s'achève au milieu DES MORTS ET DES MOURANTS (2), AUX GÉMISSEMENTS DES MÈRES DÉSOLÉES, QUE N'ÉTOUFFE PLUS LA VICTOIRE (3). »

(1) Il demandait, pouvons-nous ajouter, un nouveau Vicalvaro, et c'est Linas de Marcuello qui a répondu.

(2) Dédions un souvenir au brave général Manso de Zuniga, qui, à la tête d'une colonne de 250 chasseurs à pied et 50 cuirassiers, s'avança à la rencontre des insurgés, au nombre de 1,200, commandés par l'ex-général Pierrad. L'ennemi fut défait, mais le général Manso mourut victime de son courage militaire et de son dévouement au trône de la Reine Isabelle.

Il a laissé une veuve et dix enfants, dont l'un, son aide-de-camp, releva le cadavre de son père sur le champ de bataille. Ce jeune officier a été nommé aide-de-camp du maréchal Narvaez, ministre de la guerre, et l'aînée des demoiselles Manso a été attachée au service de la Reine.

(3) LETTRES POLITIQUES *de Prévost-Paradol,* 3e série. Paris, 1866.

IV

Nous ne voulons pas qu'on puisse croire que nos paroles s'adressent aux insurgés vaincus.

Nous avons un trop grand respect pour le malheur et nous sommes trop généreux pour faire dans ces pages la moindre allusion à la défaite matérielle, — et morale surtout, — éprouvée par les hommes qui ont dernièrement travaillé à soulever l'Espagne.

Cette nation connaît aujourd'hui, plus que tout autre, où aboutissent les plans de ces *apôtres du progrès,* et elle pourrait dire, dans le cas présent, comme une illustre victime de la Terreur, écoutant sa condamnation à mort : SI DU MOINS TOUT CELA AVAIT LE SENS COMMUN. Non ! nous nous adressons aux trois journaux que nous avons signalés, en tête de ces pages, à la conscience publique : le *Temps,* l'*Époque* et la *Liberté* (1).

(1) Nous ne voulons point nous occuper des nombreux journaux de province qui, dans cette occasion, ont joué au *singe politique.*

V

Voici comment un des écrivains que nous avons cité plus haut, parle dans l'*Univers*, ressuscité, de l'attitude des journaux *primistes* :

« Les amis dévoués que M. Prim compte dans la presse parisienne, ces amis *qui lui promettaient la victoire, qui la lui donnaient, qui tous les jours s'emparaient d'une ville, soulevaient une contrée, dispersaient les troupes fidèles et les amenaient sous les drapeaux de l'insurrection*, eux-mêmes, ces amis hardis et ardents, se décontenancent. Quoi! lancer une révolution, provoquer des défections, faire tuer du monde et ne pas même paraître!..... Mais, enfin, la liberté, l'humanité, l'honneur, la pudeur, toutes ces vertus et le progrès ayant absolument besoin de la noble épée de M. Prim, on ne l'abandonnera pas pour une défaillance : il sera revenu et il pourra venir encore (1). »

M. Veuillot a eu soin de nous expliquer aussi la cause des sympathies que les projets de Prim trouvent dans cette partie de la presse parisienne, qui s'est fait son complaisant organe :

« Dans toutes les biographies de M. Prim, rédigées par les amis en question, dit le rédacteur en chef de l'*Univers,* l'on parle de ses incomparables cigares qui ont embaumé Paris, du boulevard des Italiens au lac du bois de Boulogne. Qu'il renouvelle sa provision de cigares et qu'il ne doute de rien. *Autant que ses vertus pa-*

(1) *L'Espagne,* article de M. Louis Veuillot, paru dans l'*Univers.*

triotiques et militaires, ses cigares lui attirent le cœur de la presse, et il peut chanter, comme le vainqueur de la marquesa d'Amaëgui :

Si d'aventure on s'enquête
Qui m'a valu cette conquête,
C'est l'allure de mon cheval,
Un compliment sur sa mantille
Et des bonbons à la vanille
Par un beau soir de carnaval.

VI

Les journaux en question n'ont pas manqué de parler de l'*abaissement de l'Espagne* sous le sceptre d'Isabelle II, de leur *amour du peuple,* etc., etc.

Mais Alphonse Karr l'a dit :

« Quand un journal, un député, un homme politique gémit sur l'*abaissement du pays,* cela ne veut rien dire, sinon qu'il voudrait partager avec ses amis les places, les dignités et l'argent.—*Abaissement du pays* veut dire : *déception de ceux qui s'en plaignent* (1). »

Quant à l'*amour du peuple,* « c'est un rôle, dit le même auteur, qu'on joue, et pas autre chose ; — c'est un emploi qu'on adopte en montant sur la scène politique ; — on joue les amis du peuple, comme sur d'autres théâtres on joue les *Trial* ou les *Elleviou.* Les prétendus amis du peuple l'ont de tout temps poussé à la paresse, à la RÉVOLTE, à la *prison* et à la mort (2) ! »

(1) LES GUÊPES, 4e série. Paris, 1862.
(2) LES GUÊPES, 4e série. Paris, 1862.

VII

Aussitôt que l'insurrection a été vaincue, que la tranquillité a été rétablie sur tous les points de la Péninsule inutilement agités par les insurgés, l'armée n'ayant pas hésité un seul instant à faire son devoir; aussitôt que ces résultats ont été obtenus sans que le gouvernement espagnol ait jugé nécessaire de recourir à des mesures excessives, voici la volte-face qui s'est opérée dans le langage de quelques autres journaux moins enthousiastes que le *Temps*, l'*Époque* et la *Liberté*.

« Cette tentative *insensée*, disait la *Presse*, sous la signature de M. Cucheval-Clarigny, aura donc fait couler inutilement *un sang précieux;* elle aura coûté la vie à quelques braves soldats *qui ont fait leur devoir,* et elle aura fortifié le gouvernement qu'elle voulait renverser.

» Cet échec si complet désabusera-t-il le général Prim des illusions qu'il se fait sur sa *popularité* et sur ses *chances* de saisir le pouvoir dans son pays? Cette personnalité *ambitieuse* et *remuante,* qui n'est arrivée à la réputation que *par les maux qu'elle a déchaînés sur l'Espagne,* se résignera-t-elle à l'oubli?

» Verra-t-on finir ces complots incessants qui remplissent l'histoire des dix dernières années, et au fond desquels se retrouvent uniquement les préoccupations d'*une ambition que rien ne justifie?*

» Si Prim, éclairé par les événements, peut cesser d'être *un fléau* pour son pays, la dernière insurrection n'aura pas été complétement stérile. »

Et quand, d'abord, des journaux comme la *France* et la *Patrie* n'écrivaient que la moitié de ces vérités, les journaux *primistes* les attaquaient, la *Presse* aussi bien que les autres !

« Mais ne nous en plaignons plus, disait la *Patrie*. La leçon est bonne et profitera certainement. Les réfugiés espagnols connaissent maintenant leurs amis, ceux qui les égarent et ceux qui les flattent. Un chef qui est toujours resté caché, des journaux qui ont fait rapidement succéder l'injure à l'éloge, — voilà la morale de l'échauffourée de la Catalogne. S'en souviendra-t-on ? »

VIII

Mais les journaux qui se sont joués si complétement de leurs lecteurs, en leur annonçant chaque matin le succès de l'insurrection, ont trouvé un moyen de les consoler.

La première insurrection n'ayant pas réussi, ils en annoncent une seconde.

Le gouvernement de Madrid a été généreusement informé par l'*Époque* d'avoir à prendre ses précautions.

« On nous assure, a dit le journal de M. Dusautoy, qu'un rendez-vous a été donné aux plus grosses bandes des insurgés, pour un jour très-prochain, et qu'on n'a pu nous fixer, dans la vieille Castille, où se ferait une explosion décisive. »

L'indication : *un jour très-prochain*, comme le faisait remarquer un journal, est un peu vague. Lors de la première insurrection, on avait dit le jour exact, et même l'heure. On doit savoir gré, néanmoins, à l'*Époque* de ses avertissements.

Quand *le jour très-prochain* sera arrivé, la rubrique des NOUVELLES PARTICULIÈRES de l'*Époque* changera et nous aurons : L'INSURRECTION TRIOMPHANTE DE LA VIEILLE CASTILLE, comme nous avons eu : LES VICTOIRES DE LA CATALOGNE.

Voilà comment l'*Époque* et les autres journaux que nous avons cités se sont donné la mission d'entretenir la fièvre en Espagne.

Mais leur jeu est bien connu.

Interrogeons à ce propos d'autres organes de la presse française au langage plus circonspect, le *Journal des Débats*, par exemple, — en lui laissant, bien entendu, sur la marche du gouvernement de la Reine toute la responsabilité de ses appréciations, qui ne font, d'ailleurs, que donner plus de force à ses arguments :

« L'insurrection qui a menacé un instant le pouvoir du maréchal Narvaez, et sans doute même le trône de la reine Isabelle, semble aujourd'hui vaincue. *Ce n'est pas nous qui regretterons sa défaite.* Nous avons même bien souvent signalé les fautes graves du gouvernement actuel de l'Espagne ; nous avons plus d'une fois condamné ici les mesures antilibérales par lesquelles il a cru pouvoir et devoir se consolider. *Mais nous ne croyons pas que ses adversaires eussent pu, au lendemain de leur victoire, s'ils avaient triomphé, se montrer plus libéraux que lui.* »

Le *Journal des Débats* se trompe.

Ces hommes qui ont inscrit sur leur drapeau le mot LIBERTÉ, — un mot qui est bien à la mode, — ne manqueraient pas de proclamer, si le malheur voulait qu'ils arrivassent au pouvoir, *les libertés* les plus terribles pour un pays : « LA LIBERTÉ DE BAILLONNER, LA LIBERTÉ D'EMPRISONNER, LA LIBERTÉ DE BATONNER, LA LIBERTÉ DE COUPER LA TÊTE (1). »

Nous avons, pour mieux faire juger du *libéralisme* des chefs insurgés, des documents originaux très-intéressants. Ce sont des proclamations de Pierrad et de Contreras, entrant dans de pauvres villages et procédant aussitôt à des levées de contributions en argent et en nature.

Ces proclamations sont courtes, et la formule n'en est pas variée. Elles commencent toutes ainsi : « SERA FUSILLÉ *quiconque ne livrera pas*, etc., etc. »

(1) *Edmond About*, CAUSERIES. Paris, 1866.

Pour un cheval, pour un mulet, le *libéralisme* des insurgés n'hésitait pas.

Sur ce point, — comme sur beaucoup d'autres, — l'Espagne est, à cette heure, déjà bien renseignée.

Voici une dépêche publiée par les journaux des États-Unis :

« Washington, 26 août.

« Le bruit a transpiré aujourd'hui que le département d'État a reçu avis d'un agent du général Prim, le chef de la révolution espagnole, que, s'il réussissait, IL OFFRIRAIT l'île de Cuba au gouvernement américain à un prix que fixerait une commission mixte. L'Angleterre resterait spectatrice passive, le prix de Cuba devant être affecté au paiement des créanciers anglais de l'Espagne. M. Seward a reçu cet avis depuis un mois, mais n'a pas pris de décision. Maintenant que M. Seward est à la veille de quitter le cabinet, on entrera probablement en négociations. »

Ainsi se trouvent pleinement justifiées ces paroles du maréchal Narvaez dans sa dernière proclamation à l'armée : *Soyez toujours fidèles à la Reine et à LA PATRIE, que Sa Majesté représente ;* puisque nous voyons le parti factieux, — ce parti si chaleureusement appuyé par le *Temps*, l'*Époque* et la *Liberté*, — chercher déjà à vendre pour une poignée d'or un des plus riches joyaux de l'Espagne, — comme le jeune débauché escompte d'avance chez un usurier l'héritage paternel.

Nous ne savons pas si le *Temps* a compris ce fait dans les *efforts virils* dont il parlait, en disant il y a quelques jours :

« Il est bien à craindre que cette levée de boucliers n'aboutisse cette fois encore à un avortement..... L'héroïsme des démocrates espagnols n'aura pas été inutile pour cela. *Les EFFORTS VIRILS font un capital qui se retrouve.* »

IX

En présence des articles et des correspondances publiés par les journaux que nous avons appelés *primistes* — le *Temps*, l'*Époque* et la *Liberté* — articles et correspondances lus avec tant d'avidité par les esprits qui sont toujours disposés à applaudir à toutes les révoltes, quelle que soit leur cause et quel que soit leur but, nous nous demandons — si ces journaux trompent ainsi leurs lecteurs sur des affaires qui ne les intéressent qu'indirectement, — à quoi nous-devons nous en tenir sur leur opinion, relativement aux affaires de leur propre pays?

Nous et une grande majorité de nos lecteurs le savent.

Malheureusement les mots creux employés si souvent par ces journaux trouvent toujours des esprits ignorants ou assez faibles, disposés à devenir des dupes.

Ne nous donnons la peine d'esquisser qu'une seule des personnalités qui se posent en défenseurs enthousiastes des projets de Prim : M. Émile de Girardin.

Nos lecteurs veulent-ils le connaître?

Écoutons un de ses biographes :

« Qu'est-ce que M. de Girardin? Est-ce une bonne, est-ce une mauvaise nature? Ce n'est ni l'une ni l'autre. On ne doit pas lui savoir gré de ses qualités, parce qu'elles ne sont qu'apparentes et cachent un calcul ; on ne doit pas l'accuser de ses défauts, parce qu'ils ont été le résultat d'une naissance malheureuse et de l'abandon. En lutte éternelle avec la société, mère tendre pour d'autres et marâtre pour lui, chacun le repousse, comme on repousse ce qui blesse, ce qui est dangereux, ce qui est nuisible. On l'éloigne, on a peur.

» Voilà ce qui explique pourquoi M. de Girardin n'a jamais été ministre et ne le sera jamais. Il a dit lui-même une vérité terrible : « Si le talent commence les réputa- » tions, c'est la moralité seule qui les consolide. »

» Jamais son ambition ne sera satisfaite. Il a demandé vainement un portefeuille à la Monarchie ; vainement il s'est humilié pour l'obtenir de la République, et l'Empire n'est pas d'humeur à lui confier ses destins (1). »

Il doit sans doute répéter à Prim ces principes qu'il a consignés dans un de ses premiers livres :

« La gloire n'est plus qu'un mot creux ; il ne sonne pas l'argent. La République et Napoléon ont usé l'enthousiasme ; la fortune est la religion du jour, l'égoïsme l'esprit du siècle. Pour surgir de l'obscurité, il n'est plus qu'un moyen : grattez la terre avec vos ongles, si vous n'avez pas d'outils, mais grattez-la jusqu'à ce que vous ayez arraché une mine de ses entrailles. Quand vous l'aurez trouvée, on viendra vous la disputer peut-être, vous l'enlever ; mais, si vous êtes le plus fort, on viendra vous flatter, et quand vous n'aurez plus besoin de personne, on viendra vous secourir (2). »

« M. de Girardin, dit son biographe déjà cité, lorsqu'il reprit son titre de rédacteur en chef, après cinq ans d'interrègne, releva le journal par des sauts de carpe merveilleux et plus caractérisés que ceux d'autrefois. Il les continue vaillamment dans la *Liberté*, jongle tous les matins avec les destinées de l'Europe et semble vouloir donner des gages définitifs au parti rouge. »

Voilà l'homme.

Voilà le journal.

(1) *Portraits et silhouettes au XIXe siècle*, par Eugène de Mirecourt. Paris, 1867.

(2) *Émile*, par M. de Girardin.

Si la *Liberté*, l'*Époque* et le *Temps*, — tous trois journaux d'opposition,— habituent leurs lecteurs au jeu qu'ils ont joué pendant l'insurrection espagnole, les idées du gouvernement de l'Empereur, si rudement combattues dans leurs colonnes, ne pourront chaque jour que gagner dans l'opinion, et le gouvernement français ne doit que se féliciter de l'emploi d'une telle manœuvre par ces journaux.

« La presse, a dit très-profondément un jour au Corps législatif M. Emile Ollivier, n'est pas un pouvoir ; la presse n'est pas, comme on l'a dit, un sacerdoce ; la presse n'est pas une fonction : la presse, c'est l'opinion publique (1). »

Jugez la situation d'un homme isolé au fond d'un département, et qui, tous les jours de toutes les années de sa vie, lit le même article du même rédacteur : comment voulez-vous qu'il ne soit pas de l'avis de son journal? Incontestablement s'il ne lit que l'article du journaliste.

Mais s'il trouve à côté quelques pages qui puissent l'instruire sur les faits dont le journaliste parle, savez-vous ce qui arrivera bien souvent? Tandis que le journaliste se livrera à ses fantaisies, il sera sifflé par son lecteur, que la brochure ou le livre aura mieux éclairé.

Et alors, dans les cas semblables à celui qui a motivé ces pages, on verra s'accomplir tout entière la prophétie annoncée, à son point de vue, par M. Emile Ollivier sur la presse en général.

« Lorsque tous les journaux, disait le député de la Seine, non pas seulement les journaux violents, excessifs par le langage, mais aussi tous les journaux modérés même dans les termes, mais exclusifs dans leurs jugements, auront été pris plusieurs fois *en flagrant délit d'injustice* par leurs lecteurs, éclairés par une autre pu-

(1) *Démocratie et Liberté*, par M. Emile Ollivier. Paris, 1867.

blicité, ils seront peu à peu abandonnés par le public. »

Pourquoi, en effet, le *Times* est-il le journal universel de l'Angleterre ?

Parce qu'il est le journal le mieux et le plus complétement informé, et qu'il présente tour à tour à ses lecteurs le pour et le contre de chaque question, de telle sorte que, quand on se rend à Londres, dans la Cité, on peut rencontrer un négociant qui vous dit en vous abordant : « Quel admirable article dans le *Times !* » On rencontre le lendemain le même négociant qui vous dit : « Quel misérable article le *Times* a donné ce matin ! »

Excellent journal qui offre ainsi sans cesse lui-même les moyens de juger et qui oblige ses lecteurs à se former une opinion par eux-mêmes.

X

Félicitons-nous de l'avortement d'une insurrection qui menaçait d'établir l'anarchie en Espagne.

Quel homme sensé peut croire que l'accomplissement de la régénération industrielle et politique de ce pays pourrait être facilité par le succès de l'insurrection dernière et par l'avènement de Prim et de ses amis au pouvoir ?

« Quel programme, comme disait un journal, apporte ce parti ? Quelle promesse raisonnable peut-il faire à la nation ? Faut-il prendre au sérieux ces protestations vagues et déclamatoires en faveur de l'honnêteté, de la moralité et de la nécessité de donner les emplois aux hommes qui les méritent ? Comment appeler de telles niaiseries un programme de gouvernement ? »

Sous ces déclarations publiques et insignifiantes on avait soin de montrer à demi un autre programme plus sérieux, mais plus funeste : le changement de la dynastie et l'établissement de l'unité ibérique. C'est-à-dire que ces hommes songeaient à précipiter l'Espagne dans une série de révolutions intérieures et extérieures.

Que de questions redoutables soulève, en effet, un tel programme !

Quelle source de complications au dedans et au dehors !

Car il faut être aveugle pour croire que l'unité ibérique pourrait s'accomplir sans mettre en jeu et en conflit les intérêts et les passions de l'Angleterre et de la France.

Une perspective indéfinie de guerre civile, probablement compliquée par la guerre étrangère, voilà le *desideratum* des auteurs de la tentative dernière.

Il y aurait eu pourtant dans le succès de Prim quelque chose de plus funeste encore que l'application de son programme, c'est l'élan et l'encouragement donnés à tous les factieux par son exemple.

Peut-on imaginer une fondation plus fragile pour un gouvernement qu'une insurrection militaire?

Certes, ce moyen a été plus d'une fois employé en Espagne, et c'est pourquoi nous voyons sans cesse les ambitieux essayer d'y recourir.

Mais c'est précisément pour la même raison que les honnêtes gens sont intéressés à soutenir le gouvernement actuel, qui est né du libre choix de la Reine et de l'assentiment des pouvoirs publics, et qui peut, en durant, fermer définitivement l'ère des insurrections triomphantes.

Si, au contraire, Prim avait réussi, quel général, quel officier entreprenant n'eût été tenté de suivre contre lui le même chemin et de mettre, à son tour, la main sur le pouvoir?

Est-il donc si difficile de rédiger comme lui des proclamations et des manifestes, et de promettre de l'argent et de l'avancement en échange d'une défection militaire? De tels moyens pour conquérir le pouvoir sont à la portée de tout le monde, et si, pour le malheur de l'Espagne, Prim avait réussi, combien d'imitateurs seraient venus troubler son repos!

« Pendant bien longtemps, a dit un auteur que nous avons déjà cité, les démocrates ont cru que *les moyens révolutionnaires* étaient seuls efficaces. Ils avaient raison lorsqu'il s'agissait de peuples auxquels tout autre moyen d'action était interdit, et qui n'avaient qu'à choisir entre la soumission et la révolte. Ils ont encore raison, partout où la situation est encore semblable. *Ils ont tort partout où il existe une constitution,* ÉTROITE OU LARGE, *qui institue un système d'action légale.* Dans ce cas, sans médire du temps passé ni méconnaître l'héroïsme de ceux qui nous ont devancés dans la lutte de la liberté contre l'oppression, je crois que les procédés révolutionnaires, loin d'être efficaces, sont nuisibles, et que l'action légale, constitutionnelle, est seule puissante, sûre, décisive.

» Accepter les institutions de son pays, lors même qu'on les aurait voulues meilleures, puis se servir de tous les moyens légaux pour les améliorer, les modifier, les transformer, *voilà le devoir du* VRAI PATRIOTE, VOILA LA POLITIQUE DES TEMPS ACTUELS (1). »

Les journaux, organes complaisants de Prim et de ses amis, n'ont pas manqué de critiquer les mesures adoptées par la France, dans les circonstances dernières, vis-à-vis de l'Espagne, son alliée.

« Mais la France, comme a très-bien dit un journal sérieux, a un intérêt perpétuel à voir l'ordre intérieur régner en Espagne. De plus, cet intérêt n'a jamais été aussi visible ni aussi puissant qu'aujourd'hui, car dans l'état actuel de l'Europe et avec les complications qui peuvent survenir en Allemagne, il importe plus que jamais à la France de ne pas voir son attention distraite et peut-être ses forces occupées sur la partie méridionale de ses frontières. Nous considérons donc comme des hommes peu éclairés ou bien indifférents à l'intérêt de leur propre pays, les Français qui font aujourd'hui des vœux contre le repos de l'Espagne. »

(1) M. Emile Ollivier étant allé défendre un intérêt français considérable devant le Conseil d'État de Turin, les membres du parlement italien de toutes les nuances lui offrirent un banquet. C'est en réponse au toast qui lui fut porté que M. Ollivier prononça un discours, duquel nous avons extrait le passage précédent, *sur ce que doit être l'attitude du parti libéral en Europe.* On peut trouver ce discours dans le volume DÉMOCRATIE ET LIBERTÉ.

Mais ce qui nous a étonné le plus au milieu des derniers événements, et ce qui nous a fait prendre la plume, c'est de voir l'accueil si favorable que reçoit la tentative de Prim dans une grande partie de la presse française.

Voilà pourquoi nous répéterons, en terminant, ce que nous avons dit plus haut.

SI LES JOURNAUX *primistes* SE JOUENT AINSI DE LEURS LECTEURS, DANS DES AFFAIRES QUI NE LES INTÉRESSENT QU'INDIRECTEMENT, — A QUOI NOUS DEVONS-NOUS EN TENIR SUR LEUR OPINION RELATIVEMENT AUX AFFAIRES DE LEUR PROPRE PAYS?

APPENDICE

I

PROCLAMATION DU MARÉCHAL NARVAEZ.

A l'armée.

Soldats, il y a moins d'un an, le 30 novembre 1866, à l'occasion de l'odieux et sanglant attentat du 22 juin, je vous rappelais la nécessité d'éloigner de l'armée les passions politiques qui la désorganisent et amortissent, s'ils ne l'éteignent pas, cet esprit militaire qui est le grand ressort de la discipline, qui préserve son honneur de toute souillure, inspire l'héroïsme au soldat et le conduit à la gloire.

L'armée a favorablement accueilli mes paroles, a suivi avec empressement mes conseils, a dignement répondu aux espérances de Sa Majesté et de son gouvernement.

Les ennemis du repos public, qui sont en même temps les vôtres, ont craint avec raison que le rétablissement de l'esprit militaire dans l'armée ne leur enlevât ce puissant moyen de produire des troubles et des agitations dont ils espèrent des avantages auxquels l'ordre régulier leur interdit de prétendre. Ils se sont donc hâtés de vous tendre des piéges perfides, afin de vous surprendre et d'entraîner le pays vers de nouveaux jours de deuil, de désolation et de sang. Les sociétés secrètes répandues dans tout le royaume ont tramé une vaste et horrible conspiration dont le but restait caché, car les chefs de la révolte ne se risquèrent pas à l'inscrire sur leur bannière, sachant que l'armée, qu'ils voulaient surtout séduire, aurait repoussé leurs projets avec indignation, les exécrant aussi bien que le pays. Ils se sont décidés à employer la corruption comme s'il y avait dans le monde assez d'or pour suborner un seul des soldats qui composent l'armée espagnole.

Les moyens employés sont dignes du but : on décide dans les clubs que de petites bandes se soulèveront sur différents points du pays pour distraire et diviser les forces de l'armée, en prenant le soin de faire couper par des complices salariés les communications télégraphiques et les chemins. En même temps, ils inventaient et répandaient de sinistres nouvelles, calculées pour alarmer les uns, intimider les autres, propager le découragement, et, en représentant la révolution comme triomphante, faire incliner vers elle ceux-là même qui la combattaient. Ils n'aspiraient à rien moins qu'à entacher votre brillant honneur de la plus honteuse infamie! Heureusement qu'esclaves de l'honneur, vous avez conquis une gloire immortelle!

Les projets des factieux sont venus se briser contre votre fidélité inébranlable et contre votre patriotisme éprouvé, que fortifiait encore l'esprit militaire qui vous anime.

Gloire impérissable à l'armée espagnole! Pas un soldat n'a violé son serment, aucun n'a tourné contre la Reine et la patrie les armes qui lui étaient confiées. Votre valeur et surtout votre discipline l'ont emporté partout, et votre loyauté a rempli vos ennemis de confusion et de honte. Le pays tout entier vous rend justice et vous prodigue ses bénédictions.

Mais il faut qu'on sache que votre conduite a été non-seulement loyale, patriotique et héroïque, mais généreuse et désintéressée. Le gouvernement de Sa Majesté, qui vous connait et qui a confiance dans vos vertus militaires, n'a accordé ni grâce ni récompense tout le temps que la lutte a duré, à ceux qui ont eu le bonheur de rendre de si éminents services à la patrie. Le pays a vu ainsi ce que je savais d'avance : que ce n'est point l'ambition, mais la conscience de votre devoir qui vous poussait à combattre avec tant de dévouement et d'enthousiasme.

La Reine cependant veut récompenser généreusement vos services, et ce n'est pas moi, son ministre, qui mettrai obstacle à ce dessein. Vous me connaissez, et vous savez mon amour pour l'armée. Je suis le soldat d'autrefois, le vétéran enthousiaste qui ne voudrait changer son uniforme et sa condition pour aucune des distinctions que la société a créées dans le cours des temps. Sa Majesté le sait, et je n'ai pas de raison pour le cacher.

Soldats, ma profession et mes liens avec vous m'inspirent le devoir agréable de vous défendre toujours et de veiller à vos intérêts.

Je veux remplir ce devoir, mais il faut me venir en aide et m'en donner les moyens; il faut persévérer dans le chemin que vous avez choisi et suivi avec tant de gloire pendant cette lutte. Soyez toujours fidèles à la Reine et à la patrie, que Sa Majesté représente; conservez à tout prix la discipline; entretenez l'esprit militaire, source de toutes les vertus nécessaires au soldat, et comptez toujours sur l'affection profonde que je vous témoigne.

Le marin a son guide dans les étoiles et dans la boussole; l'homme religieux compte sur le concours des livres saints pour traverser les épreuves de la vie; vous, soldats, pour tenir tête à tous les périls qui peuvent vous assaillir, vous avez l'exact accomplissement des devoirs de chaque grade, tels qu'ils sont sagement consignés dans les ordonnances de l'armée.

Votre général, qui vous rend grâce de votre conduite,

DUC DE VALENCE.

Madrid, 3 septembre 1867.

II

DÉCRET D'AMNISTIE.

Je décrète ce qui suit :

Art. 1er. J'accorde la grâce de la peine de mort portée ou à porter par les conseils de guerre contre les coupables compris dans les procès intentés à propos de la dernière révolte qui a eu lieu dans certaines provinces de la monarchie.

Art. 2. Les capitaines généraux des districts respectifs, dans le cas où les sentences par lesquelles on aurait imposé la peine de mort mériteraient confirmation, appliqueront la grâce accordée dans l'article précédent, en déclarant ladite peine commuée en la peine immédiatement suivante, que les condamnés devront subir au lieu désigné.

Art. 3. Ne sont point compris dans cette amnistie les accusés de délits ordinaires, quelle que soit la connexité de ces délits avec les délits politiques.

Art. 4. Les capitaines généraux des districts accorderont ladite grâce à ceux qui, dans le délai qu'ils fixeront à cet effet, se présenteront aux autorités légitimes. Ceux qui ne se présenteront pas, ainsi que ceux qui à l'avenir commettraient le délit de rébellion, subiront toute la rigueur de la loi, sans aucun droit au bénéfice du présent décret royal.

Art. 5. Le ministère de la guerre indiquera les dispositions nécessaires pour son exécution la plus exacte.

Donné à Saint-Ildefonse, le 5 septembre 1867.

SIGNÉ DE LA MAIN ROYALE.

Le président du conseil des ministres,

RAMON MARIA NARVAEZ.

III

CIRCULAIRE DU MINISTÈRE DE LA GUERRE.

Excellence, la bonté inépuisable de Sa Majesté la Reine se montre une fois de plus dans le décret royal d'amnistie du 5 courant, relatif à la dernière révolte ; sa souveraine magnanimité a été d'autant plus grande en cette occasion, que le délit est plus grave, non-seulement par la faute considérée en elle-même, mais aussi par les maux et les dommages sans nombre que de pareilles tentatives occasionnent aux populations et par les déplorables conséquences qui en résultent pour la prospérité et l'honneur du pays en général. Il est donc nécessaire que cette preuve de la clémence royale soit appréciée à sa haute valeur ; mais il est indispensable aussi que la tranquillité réclamée par les populations se consolide par tous les moyens possibles, et que l'on acquière la conviction que désormais les peines de la loi tomberont sur les coupables sans considération d'aucune espèce. A cet effet, la volonté de Sa Majesté est que j'avertisse Votre Excellence de vous servir de tous les moyens de publication qui sont à la disposition de votre autorité, afin de faire connaître à tous que ceux qui ne se conformeront pas aux conditions de ladite amnistie dans le délai fixé par Votre Excellence, et ceux qui à l'avenir commettront le délit de rébellion, seront jugés et punis selon toute la rigueur de la loi, le gouvernement étant déterminé à la faire appliquer d'une manière inexorable, sans que dorénavant les coupables qui ne tiennent aucun compte des maux que déplore le pays puissent espérer la moindre indulgence.

Écrit par ordre royal pour être à la connaissance de Votre Excellence et pour avoir son effet.

Dieu garde Votre Excellence pendant de longues années.

Madrid, 8 septembre 1867.

DUC DE VALENCE.

IV

ENTRÉE DES CHASSEURS DE CIUDAD-RODRIGO A SARAGOSSE.

On lit dans la *Correspondencia de Espana* du 7 septembre : « Hier, à neuf heures et demie du matin, les compagnies de chasseurs de Ciudad-Rodrigo et l'escadron de cuirassiers du Roi, qui se sont battus d'une manière si éclatante à Linas de Marcuello sous les ordres du malheureux et brave général Manso, ont fait leur entrée à Saragosse. Une foule immense était allée recevoir et saluer les valeureux soldats. Le passage des stations du chemin de fer était richement décoré, et le conseil municipal a offert aux chefs et aux officiers des rafraîchissements et du tabac, aux sergents huit réaux, six aux caporaux et quatre aux simples soldats.

« Le général Vega, qui est arrivé avant-hier à Huesca, a été accueilli par une brillante sérénade. »

Paris. Imp. Balitout, Questroy et Ce, 7, rue Baillif.

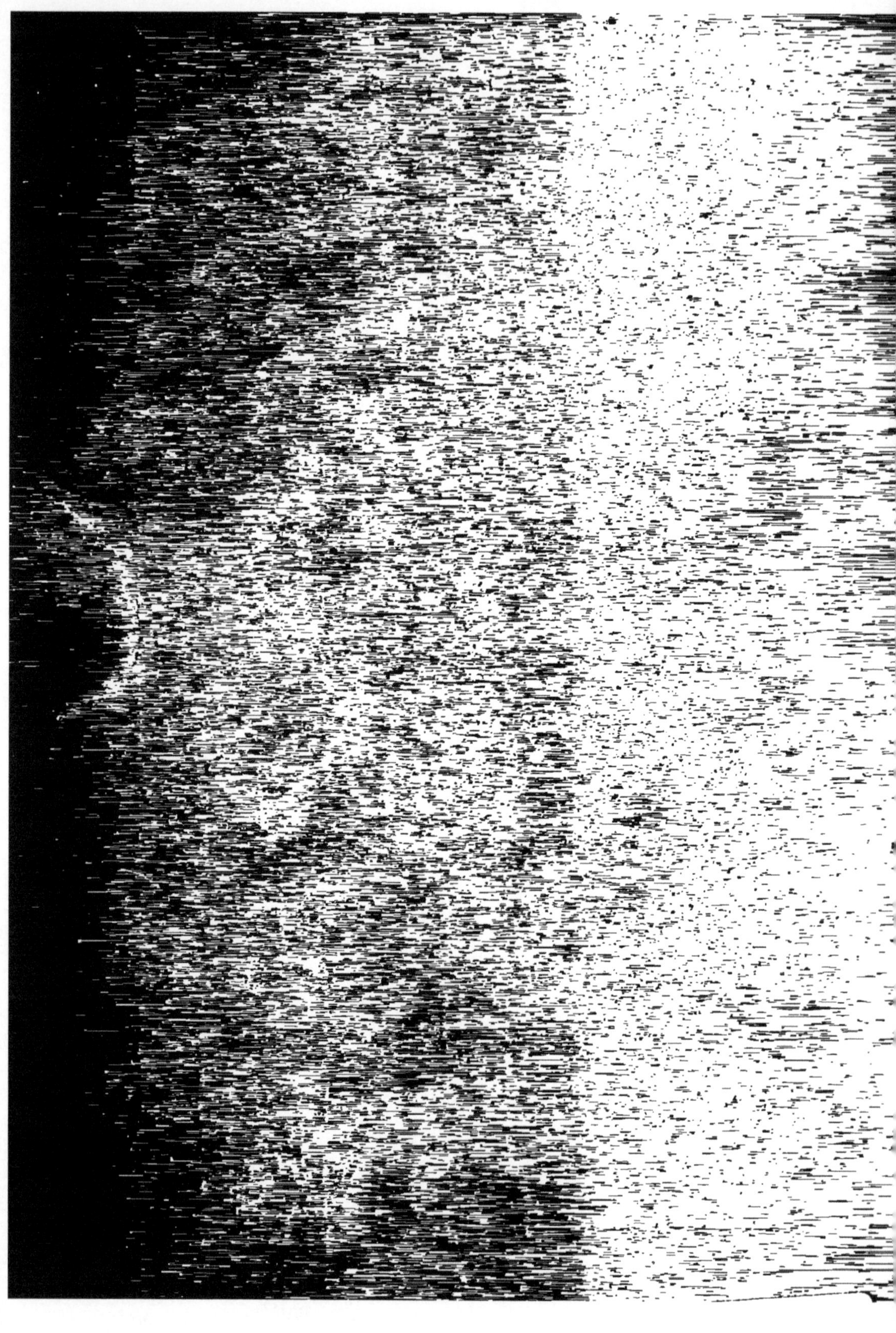

www.ingramcontent.com/pod-product-compliance
Ingram Content Group UK Ltd.
Pitfield, Milton Keynes, MK11 3LW, UK
UKHW021027200726
13857UKWH00004B/1631